LETTRE

A MONSIEUR

LE COMTE LANJUINAIS.

DE L'IMPRIMERIE DES LANGUES ORIENTALES
DE L.-P. SÉTIER Fils.

LETTRE

A MONSIEUR

LE COMTE LANJUINAIS,

Membre du Sénat, de l'Institut, Commandant

de la Légion d'honneur.

———

A PARIS,

Chez {
L.-P. SETIER fils, Imprimeur-Libraire, Cloître
St.-Benoît, n. 21.
BLANCHARD, Palais-Royal, n.
Et chez les Marchands de Nouveautés.
}

1814.

LETTRE

A MONSIEUR

LE COMTE LANJUINAIS,

Membre du Sénat, de l'Institut, Commandant de la Légion d'honneur.

MONSIEUR LE COMTE (1),

PEU de semaines se sont encore écoulées depuis le moment où, épanchant dans votre cœur, d'après une des plus douces et anciennes habitudes du mien, et mes pensées

---

(1) Cette lettre a été commencée très-peu de jours après la mémorable révolution du premier avril; des circonstances particulières en ont suspendu la composition et retardé la publicité, ce qui pourra même faire trouver quelques défauts d'ensemble entre les différentes parties qui la composent.

1

et mes sentimens , et mes vœux et mes espérances , nous nous livrions ensemble au consolant espoir d'être un jour témoins de la régénération de notre chère et malheureuse patrie , gémissant alors encore sous le joug du pouvoir absolu , et sous le poids de la guerre la plus cruelle qui ait désolé le genre humain ; et m'abandonnant à toute l'effusion de ma sensibilité, je vous disais , monsieur le Sénateur, que la joie que me causerait cette époque, que dans mon aveugle découragement , je regardais encore comme éloignée, serait complette quand je la partagerai avec vous, si digne par tout ce que vous avez fait pour la patrie, de jouir de son bonheur et d'y participer ; et ce bonheur , nous ne pouvions le voir l'un et l'autre, que dans une paix longue et durable, propre à faire expier par le genre humain tant de scènes de désolation et de carnage, dans le règne des lois , de l'ordre, et de la justice , dans un gouvernement paternel, éclairé et légitime , dans une constitution qui, par ses élémens, sa force, la forme de son établissement , après tant d'orages et de vicissitudes, nous mette enfin à l'abri de l'anarchie et du despotisme. La Providence a soudain tiré le voile qui semblait encore à nos yeux cacher l'impénétrable avenir ; un seul jour a vu se relever pour de longs siècles une tige auguste qui semblait abattue sous le poids de l'adversité ; un seul jour a vu s'évanouir une puissance élevée par dix-huit ans d'ambitions, de travaux et de ravages. « Comment » es-tu tombé du ciel, astre fils de l'Orient ? » Comment as-tu été abattu à terre, Domi- » nateur des nations ? Et tu disais dans ton » cœur, je veux monter jusqu'au ciel : par- » delà du firmament, je veux élever mon » trône, etc. » Ces exemples mémorables et uniques, ces scènes imposantes et augustes feront-ils sur le genre humain une impression ineffaçable ? Sera-t-il à jamais guéri de l'admiration de la fausse gloire ? et la gloire véritable dont les souverains immortels qui sont dans nos murs nous offrent un modèle si accompli, aura-t-il seul droit à ses hommages ? Les peuples européens si fiers de leur civilisation perfectionnée, adopteront-ils enfin sans retour, ces maximes de sagesse, de raison et de justice, que vous recommandiez il y a peu de tems à mon attention et à mon recueillement, dans le Code de ce peuple, dont nous accusons orgueilleusement la civilisation d'être dans une vieille et éternelle enfance ? Mon cœur a besoin de le croire, etles hautes leçons que nous avons reçues ne permettent pas de le regarder comme impossible.

Vous donnez à ma demande de faire paraître sous vos auspices quelques réflexions politiques ou morales, un consentement qui m'est très-honorable. Il me sera doux de parler des bases que la nation attend maintenant des lumières de son auguste Souverain et de celles de ses représentans, à un des hommes le plus universellement comptés au nombre des plus respectables, profonds, courageux et éloquens membres de nos différentes assemblées politiques; d'en parler à celui, que l'on trouva au Sénat, aussi inébranlable à défendre les droits de la nation et de la justice, qu'à la Convention nationale, à lutter contre la ligue des factieux et des assassins dans la célèbre et odieuse journée du 31 mai 1793, dont il fut par les tourmens de sa proscription une des plus illustres et respectables victimes; de pouvoir enfin, dans cette circonstance unique, payer à ma patrie le faible tribut de mon zèle, en épanchant mon cœur dans celui du citoyen vertueux, de l'homme d'état pur et irréprochable, qui m'honore de sentimens, propres à m'inspirer un juste orgueil, s'ils n'appartenaient tout entiers à l'indulgence de son caractère. Que ne puis-je me livrer ici à l'analyse rapide des différentes constitutions dont nous avons fait les essais depuis le moment où la France, d'accord avec son Roi, exprima le vœu d'en avoir une nouvelle, appropriée aux lumières du siècle et à l'état de la société, jusqu'à celui où épuisée de gloire, d'efforts et de sacrifices, balottée long-tems entre l'anarchie et le despotisme, elle vient au milieu des plus violents orages d'entrer dans le port que la sagesse et l'expérience lui avaient indiqué depuis si long-tems! Je remonterai à la première constitution de 1791, enfantée au milieu d'une opposition vive d'un côté, d'illusions démocratiques de l'autre, n'offrant au monarque qu'un pouvoir insuffisant contre la force d'une assemblée unique et sans contrepoids ; la célèbre révision proposée par vous, je crois, trop incomplète pour remédier à ses défauts, et à son insuffisance ; cette constitution succombant bientôt sous les vices de sa propre faiblesse et sous les efforts inexorables de ceux qui ne l'avaient pas faite, et qui jurèrent sa ruine ; bientôt après des lois aussi extravagantes et atroces, que les jours de deuil et de crime dont ils furent le digne ouvrage; la constitution de l'an 3, offrant dans la division du Corps-législatif en deux chambres, les premiers symptômes du retour vers un système plus raisonnable; système dont un des premiers vous fîtes sentir, au nom d'un comité de constitution, la sagesse et la nécessité; ce code imparfait et sans garantie confié aux mains de législateurs en partie éclairés et respectables, mais désunis et divisés, et d'un gouvernement en majorité factieux et déconsidéré, succombant le 18 fructidor sous les efforts d'un insolent triumvirat, et indignement foulé aux pieds par de nouveaux proscripteurs; et deux ans après, lorsque le prestige de la puissance eut disparu une première fois avec celui de la victoire, renversé en sens contraire, vers une démagogie qui allait recommencer sa course sanglante, lorsque le 18 brumaire sembla fermer le temple de la discorde sous les auspices de la gloire, et rallier, pour quelques momens, les Français sous les drapeaux du repos, de l'union et d'une plus sage distribution des pouvoirs.

Dans la seconde partie de mon analyse historique, je voudrais rappeler les modi-

fications successives commandées par la
violence , qui changèrent en peu de tems
ce code en celui du despotisme le plus
absolu ; le sénat dénaturé dans le principe
de son institution , par le nouveau mode
de l'élection de ses membres , mode qui lais-
sait au chef de l'État une influence entière et
indéfinie , par l'admission des sénateurs à tous
les honneurs et à tous les emplois de l'État ;
le tribunat privé d'abord de la moitié de ses
membres et de plusieurs de ses plus courageux
et habiles orateurs , puis d'une partie de ses attributions les plus essentielles ; la dignité im-
périale proposée par le tribunat , long-tems
refusée par le sénat , et accordée enfin sous la
promesse et la condition expresses d'un pacte
constitutionnel et libéral : et la nation n'obte-
nant ensuite pour compensation du pouvoir
impérial lorsqu'il fut accordé, que deux commissions sénatoriales revêtues d'attributions si
bornées et circonscrites , qu'elles étaient pour
ainsi dire chimériques ; bientôt après , le tribunat supprimé entièrement , et ses attributions
confiées en apparence à des commissions législatives , dont l'opposition , rendue presqu'impossible , n'offrait qu'un simulacre dé-
risoire des formes du Gouvernement représentatif ; enfin la dernière prérogative

des représentans de la nation ; celle de choisir eux-mêmes leur organe dans leur propre sein, détruite peu de jours avant la chûte du pouvoir absolu qui avait ainsi comblé la mesure de ses usurpations, et comme pour donner aux Français l'assurance, que c'est la fin du despotisme et la naissance d'une liberté sage et raisonnable, qu'ils retrouveront avec l'autorité tutélaire d'un monarque qui fera succéder, tout l'annonce, à la puissance évanouie d'un César, la gloire impérissable d'un autre Marc-Aurèle. Tel est le tableau que je ne puis qu'esquisser faiblement, que je voudrais tout entier faire passer sous les yeux de mes lecteurs, et qui doit être si bien présent aux vôtres. C'est à ces essais plus ou moins empruntés du malheur des tems où ils ont été faits, que vont succéder enfin sous de si heureux auspices les principes fondamentaux de la nouvelle chartre qui sera préparée pour un peuple, grand dans la fortune, et dans le malheur, et un monarque qui le fut dans l'un et le sera également dans l'autre. Mes réflexions, monsieur le Sénateur, que je ne me permettrai de présenter que sous la simple forme de doute, porteront presqu'exclusive-

ment sur des dispositions législatives et organiques qui me paraissent être de ces sages
principes fondamentaux, les conséquences
les plus convenables et les corolaires les plus
naturels ; je prendrai pour texte et pour guide
de mes observations, ce même projet d'acte
constitutionnel, par lequel le Sénat a d'abord
rallié sous une seule et même bannière toutes
les classes de Français, et qui, perfectionné
bientôt par le triple concours du Monarque,
du Sénat et du Corps-Législatif, offrira à la
nation une garantie de sagesse, infinie et
éternelle. L'article 1er. consacre à jamais la
nature du Gouvernement français sous une
égide antique et paternelle. Je ne puis ad-
mettre, avec M. le chevalier Hené, auteur
d'un écrit intitulé : *Observations sur l'acte
constitutionnel*, que l'article suivant soit en
contradiction avec le premier ; la déchéance
de Napoléon Buonaparte de la dignité impé-
riale qui lui avait été déférée par le Sénat, a
été légalement et solennellement prononcée
par ce même corps, et cet acte qui a rallié
tous les Français sous les drapeaux de l'auguste
maison des Bourbons, a été motivée par le
premier corps de l'état, sur les attentats suc-
cessifs par lesquels Napoléon Buonaparte a

perdu ses droits à la confiance du peuple, détruit les liens qui l'unissaient à la patrie, et anéanti lui-même les titres sur lesquels reposaient le rang et le pouvoir dont il avait été revêtu. Il n'entre, ni dans mon plan ni dans mon dessein, d'examiner ce qu'aurait pu, ce qu'aurait dû faire le Sénat, à l'époque où, en sortant des horreurs de l'anarchie, il était si difficile de sonder la situation de l'Etat et la situation de ceux auxquels sa destinée était confiée. Mais ce qui me paraît certain, c'est que l'acte de déchéance ayant été prononcé librement par le Sénat, sans aucune impulsion étrangère, et par la seule détermination des motifs qui l'avaient rendu juste, impérieux, indispensable ; dès-lors c'est librement aussi qu'il a dû continuer la plénitude de l'autorité nationale, en rappelant au trône celui en faveur duquel parlaient à la fois les droits de la naissance, le vœu du peuple, et le véritable intérêt de sa gloire et de son bonheur. Ou je me trompe fort, ou cette manière d'envisager la question, est à la fois conforme au vœu du Sénat, aux sentimens de la nation et à ceux d'un monarque éclairé et paternel, dont le cœur ne peut que préférer à toute autre couronne celle qui lui est offerte par le vœu national, et dont la raison et l'expérience ne pourront voir dans les craintes chimériques que l'on exprime sur un droit maintenant assis sur des bases inébranlables, que le langage d'une inquiétude exagérée bien plus louable qu'elle n'est fondée.

L'article 3 me paraît remplir à la fois le vœu de la nation et celui de la politique, en confondant des souvenirs anciens et récents, en renouvelant, par un acte constitutionnel, l'hérédité d'anciennes récompenses, en consacrant par le même acte des distinctions semblables accordées à de nouveaux services dans les carrières civiles et militaires ; en confondant dans une distinction commune, accordée au mérite ou à la fidélité, les différentes classes qui divisaient autrefois l'ordre social; en rendant impossible que le souvenir de nos dissentions passées en puissent faire naître dans l'avenir : avantages précieux qui ont dû faire comprendre cet article parmi ceux déjà consacrés dans la déclaration de S. M. R. J'ai quelquefois pensé, et ne crois pas m'abuser, que la puissance des souvenirs respectables, la tradition des talens, des services et des vertus établissaient de fait dans un état pour la succession des familles et des noms, ce que les statuts d'une noblesse héréditaire établissaient de droit, en le régularisant d'une manière utile ; j'ajouterai ici que l'égale éligibilité des Français à tous les emplois civils et militaires, l'égalité des charges entre les citoyens, établies par des articles subséquens, me semblent le sûr garant que la noblesse française, adaptée aux lumières et aux opinions du siècle, sera purement honorifique, qu'elle sera bien plus propre à augmenter qu'à refroidir l'émulation dans les différentes classes de la société ; espoir flatteur et libéral, appuyé principalement sur l'exemple de l'Angleterre, où les talens et les vertus civiques, en rivalité avec l'éducation et la naissance, parviennent cependant presque toujours, aux plus nobles avantages.

Le pouvoir exécutif appartient exclusivement et entièrement au Roi ; mais il doit aussi participer au pouvoir législatif, et la manière dont il doit concourir à la formation des lois avec le Sénat et la chambre des représentans, a déjà été et me semble pouvoir être encore l'objet de quelques observations intéressantes. Je demanderai s'il n'y aurait pas une utilité éminente à tracer une ligne de démarcation exacte et constitutionnelle entre les décrets royaux réglementaires que le monarque doit être dans le cas de rendre sans l'entremise des lois, pour assurer leur exécution et pour l'avantage des différentes branches du service public, et les véritables dispositions législatives ; démarcation si essentielle, qui a été tour-à-tour violée en sens divers, d'abord pendant le règne souvent anarchique de nos assemblées délibérantes, lorsque de simples mesures administratives étaient d'une manière aussi étrange que fréquente l'objet de discussions publiques et de mesures législatives, et ensuite sous le gouvernement de Buonaparte, quand les mesures les plus essentiellement législatives étaient journellement et sans aucune formalité emportées par de simples décrets impériaux. Il me semble qu'il serait facile de déterminer d'une manière exacte la ligne qui sépare l'une de l'autre l'autorité administrative du domaine de la législation.

En lisant l'article suivant, j'ai reconnu avec tous les amis des idées libérales, la conséquence et la consécration naturelle du gouvernement représentatif dans la préférence d'initiative accordée au Corps-Légis-

latif, qui doit être émané à l'avenir directe-
ment des premiers mandataires du peuple ,
pour les projets de lois relatifs aux contributions et aux budjets annuels.

La sanction du Roi a dû être et a été en
effet regardée comme nécessaire pour le com-
plément de la loi; la faculté qui lui est accordée d'inviter les deux corps à s'occuper des
objets qui lui paraîtraient convenables, sans
empiéter sur une fonction essentiellement
législative , le met cependant à même d'é-
veiller l'attention des représentans sur les besoins de l'Etat et sur les mesures que sa situation réclame. La faculté illimitée de l'initiative
des lois qu'on accorderait à deux corps aussi
nombreux que le Sénat et le Corps-Législatif,
et qui doivent être publics par l'essence de leur
institution, n'entraînera-t-elle pas des inconvéniens d'un autre genre? Je suis loin sans
doute de penser avec l'auteur des *Observations sur l'acte constitutionnel* , qu'il faille
ne laisser l'initiative qu'au roi , en ne
laissant aux deux corps de représentans
que la faculté de discuter, de modifier,
d'adopter ou de rejeter les projets qui leur
seraient proposés. Outre une foule d'autres
inconvéniens, il résulterait sur-tout celui de
ne porter que vers un système d'opposition

le zèle et l'énergie des deux chambres qui, dans le système contraire, ne se porteraient que vers une louable émulation de conceptions réciproques et salutaires. Mais ne serait-il pas facile, indispensable, par des dispositions organiques ou même fondamentales, d'empêcher, que des propositions dangereuses puissent être faites dans ces deux corps délibérans, discutées publiquement, et enfin proposées à la sanction du Roi, en soumettant les propositions dans l'une et l'autre chambre à l'épreuve préalable d'une discussion secrète pendant laquelle les membres de ces deux corps et les orateurs du gouvernement pourraient faire sentir les inconvéniens et les avantages de la proposition qui aura été faite ? La discussion ne deviendrait publique qu'après cette épreuve préparatoire ; et cette marche était aussi suivie par le Tribunat, lorsqu'au commencement de l'an 8 ce corps avait le droit d'émettre des vœux devant l'autorité compétente sur les lois à faire et sur les différentes améliorations à apporter aux diverses branches de l'organisation publique.

Le Corps - législatif doit déterminer lui-même, d'après le projet, les cas où il devra se former en comité général ; mais le Roi ne devrait-il pas aussi avoir le droit de convoquer et même de faire tenir un pareil comité, pour les objets proposés par lui-même à la délibération, et dont il est plus en état d'apprécier la nature et l'importance ?

Les ministres peuvent être membres des deux corps de représentans ; mais lors même qu'ils ne le sont pas, n'est-il pas nécessaire qu'ils puissent, ainsi que les conseillers d'Etat, orateurs du gouvernement, prendre toujours une part active aux discussions , et développer les avantages ou inconvénients d'intérêts ou d'ordre public qui militent en faveur ou contre une détermination ?

Il est un autre point relatif aussi aux réglemens intérieurs de la seconde chambre délibérante, et qu'il importerait cependant de consacrer d'une manière constitutionelle : je veux parler du mode de réélection des membres et des intervalles convenables à exiger de la part des candidats. Le Roi devant avoir le droit d'ajourner et de dissoudre le Corps-Législatif, et les colléges électoraux, devant aussitôt le renouveler en entier, la réélection partielle des députés et la division des départemens en séries deviennent pour lors impraticables. Le renouvellement total du Corps-législatif non tous les cinq ans, ce terme me paraît trop éloigné, mais tous les trois; la rééligibilité indéfinie me paraît être le système le plus favorable aux intérêts de la constitution. L'estime et la confiance de la nation seraient la base perpétuelle et absolue de la composition du Corps-législatif.

L'âge fixé pour être membre du Corps-législatif n'est pas déterminé par le mode de constitution; mais si on conservait pour le sénat la condition de la maturité de l'âge, ne faudrait-il pas pour donner à la chambre des représentans directs du peuple l'énergie et la chaleur d'imagination qui, maintenues par les contre-poids politiques dans de justes bornes, produisent des résultats si favorables à la chose publique, fixer à vingt-cinq ans, comme on avait fait pour le tribunat, l'âge nécessaire pour être membre du Corps-législatif?

L'ouverture du Corps-législatif par le Roi, l'exposé de la situation de l'Etat au commencement de chaque session seront sans doute regardés comme des solennités importantes à conserver dans le nouveau pacte constitutionnel.

La formation du Sénat, la nomination aux places qui composent ce corps permanent par

sa nature , ont formé dans l'opinion publique la principale partie litigieuse du projet
de la nouvelle chartre constitutionnelle, et à
présent que les lumières du monarque , réu-
nies à celles des représentans de la nation ,
vont lui donner la maturité convenable et
un caractère définitif, l'attention publique se
portera sans doute de nouveau sur cette question importante. Deux écrits qui traitent de
ces questions ont particulièrement fixé les re-
gards. Dans l'un on reconnaît un style véhé-
ment et énergique, une sensibilité expensive
et une vaste érudition de faits à l'appui des
théories de l'auteur (1) ; dans l'autre, un style
plein d'idées et de choses, des raisonnemens
irrécusables (2), une logique entraînante et ir-
résistible ; et on a cru reconnaître dans l'un
et dans l'autre, deux de vos collègues, comme
vous naguère, membres distingués de cette
célèbre Assemblée constituante si féconde en
grands talents de tous les genres. A Dieu ne
plaise que je veuille décider même ma propre
opinion sur une question de cette nature !
j'observerai seulement que dans l'hypothèse
de la nomination entière et perpétuelle du
Sénat par le Roi, ce corps deviendrait par la
suite une création à peu près illusoire, et
ne présenterait plus que très-peu d'utilité

dans la balance des pouvoirs politiques, et que
la nomination par le peuple, c'est-à-dire par
les colléges électoraux, compromettrait évi-
demment l'autorité royale sous l'influence
combinée de deux pouvoirs également popu-
laires dans leur origine et leur direction. Le
système de l'hérédité n'est-il pas le plus
convenable, en ce qu'il met les sénateurs dans
un état d'indépendance absolue, hors de toute
influence, et qu'en leur donnant une sécu-
rité parfaite, non-seulement sur leur propre
sort, mais encore sur le rang que leur famille
occupera après eux dans la société, il établit
cet accord parfait entre les intérêts et les de-
voirs qu'il sera toujours, (tant que la perfection ne sera pas démontrée chez tous les
hommes,) si important d'obtenir pour l'exercice des fonctions publiques? Je ne puis penser qu'en France, comme en Angleterre,
des personnages, placés dans une position
éminente de la société, ne parviennent faci-
lement à donner à des fils qui doivent leur
succéder dans la magistrature sénatoriale,
non toujours les talens et le génie qui ne
peuvent appartenir à la majorité d'une assemblée nombreuse, mais l'éducation, les connaissances, les principes et le caractère qui

seront indispensables dans leurs glorieuses fonctions ; et la médiocrité que l'on craint de voir arriver au premier corps de l'État par le hazard de la naissance, et qui, je pense, n'arrivera que très-rarement, ne le pourra-t-elle donc jamais dans la suite des tems, soit par l'affection du prince ou les faveurs du peuple ? enfin, les talens et le mérite, dignes de distinction dans les autres classes de la société, ne trouveront-ils pas dans le Corps-législatif, dans tous les autres emplois, à la nomination du Souverain ou du peuple, enfin, dans les places même de sénateurs, à la nomination du Roi, une vaste carrière ouverte à l'émulation la plus salutaire ? Mais la jeunesse et l'inexpérience s'asseoiront-elles sur les chaises curules réservées à la sagesse et au recueillement, dans ce corps auguste par son importance et son rang et dans lequel, depuis sa fondation, on était accoutumé à ne voir arriver ordinairement qu'avec la gravité de l'âge et l'éminence des services ? J'avoue que cette dernière objection contre le système de l'hérédité est la seule qui m'ait très-fortement ébranlé ; on remédierait cependant aux inconvéniens qu'elle fait craindre en rétablissant la condition de l'âge de trente ans pour les places laissées à la disposition du Roi ; la proportion naturelle de la succession des familles laisserait, je crois, très-peu considérable le nombre de jeunes sénateurs ; on pourrait aussi, ce me semble, fixer pour l'avenir à vingt-cinq ans l'âge de la majorité en France, changement que le climat, l'éducation, l'habitude et beaucoup d'autres considérations importantes réclament depuis long-tems. Sans doute, il serait possible de donner à une nation, dont les élémens moraux présenteraient les caractères de la jeunesse, c'est-à-dire d'un généreux enthousiasme, des institutions politiques fondées uniquement sur les mobiles d'un patriotisme courageux et de l'amour de l'humanité. Dans les Etats-Unis de l'Amérique, par exemple, on a pu le faire ; et on l'a fait avec succès ; mais avec une civilisation vieillie et usée, dans une nation où, confessons-le avec franchisse, la vertu, digne de toute la force de ce mot, est peut-être aussi rare que le véritable vice, où le grand nombre flotte entre le goût de la vertu et le penchant de la faiblesse, se flatter de composer, par le seul choix du Souverain ou par le concours du

peuple, un Sénat dont les membres ne recher-
cheraient ni la faveur ni la popularité, et qui
n'aient pas contracté, sur le chemin même qui
les a fait parvenir à la chaise curule, l'habitude
de rechercher l'un ou l'autre de ces avantages,
ne serait-ce point une imprudence? On l'a
pensé en Angleterre, et il me semble que parmi
nous cette imprudence serait au moins aussi
grande. Mais si, malgré ces avantages importans et peut-être décisifs, le système de l'hérédité était rejeté par une décision irrévoca-
ble, ne serait-il pas bon de conserver le mode
actuel, celui de la triple intervention des colléges électoraux, du Sénat et du Roi? Je propo-
serai cependant dans cette hypothèse d'inter-
vertir l'ordre du concours des trois pouvoirs;
sur la liste générale des candidats présentés
par les colléges électoraux des départemens,
le Sénat pour chaque place vacante, dans le
nombre des cent cinquante sénateurs, présenterait au Roi trois candidats entre lesquels
il aurait à faire le choix définitif. La nomination d'un sénateur et la formation de la
loi recevraient ainsi également des mains du
monarque leur conservation définitive. Ce
mode de nomination ne serait applicable
qu'aux cent cinquante sénateurs de fondation.

On porterait actuellement le Sénat à ce nombre. Le remplacement de ceux qui le composeraient de cette manière, dans une succession directe et perpétuelle, aurait lieu d'après le mode que je viens d'indiquer. Le Roi aurait toujours le droit de nommer de son propre mouvement jusqu'à deux cents Sénateurs, hors de cette classe, et sans concours; l'âge de trente ans, serait une condition pour les uns et pour les autres.

Si le mode de formation du Sénat a été le sujet d'intéressantes controverses dans les divers écrits publiés sur le projet de nouvelle chartre constitutionnelle, le pouvoir et les attributions de ce premier corps de l'Etat ne me paraissent pas y avoir été également approfondis. Outre la sanction et l'initiative des lois ordinaires qu'il partage avec le Corps-législatif, la sanction de celles relatives aux contributions, le droit qui lui est à juste titre exclusivement attribué de prononcer sur le sort des membres soit de l'une ou de l'autre chambre qui peuvent être mis en jugement, telles sont les attributions que la nouvelle chartre constitutionnelle proposée doit donner au Sénat. Il faut y ajouter encore la conservation des deux commissions sénatoriales de la liberté individuelle et de la liberté de la presse,

l'existence de ces deux commissions était de-
venue à peu près inutile dans ces derniers
tems, par des raisons bien opposées à celles
qui, probablement pour long-tems, rendront
leur garantie superflue ; mais les institutions
étant faites pour toutes les époques, nul doute
que l'on donnera à ces commissions une influence plus positive, moins illusoire que la
simple faculté que leur avaient laissé les sénatus-consultes d'une déclaration sujette à
d'interminables formalités. Si l'on naturali-
sait parmi nous dans la suite, la fameuse loi
de *l'habeas corpus*, ce serait à la commission
de la liberté individuelle, que l'on en con-
fierait sans doute la garantie. D'un autre côté
n'importait-il pas de donner particulièrement au Sénat l'attribution dont il était précédemment revêtu, de faire connaître publiquement les déviations que l'un ou l'autre
de nos pouvoirs politiques seraient entraînés
de faire hors la ligne constitutionnelle qui
sera tracée à chacun ? Il me semble que cette attribution est bien dans les sens de l'institution
du Sénat surnommé *conservateur*, et qui,
par la sagesse du dépôt qui va lui être confié,
pourra enfin justifier un titre aussi respectable. Par une raison pareille, le droit de

proposer aux lois organiques constitutionnelles qui seront adoptées par la suite, les changemens qu'une longue expérience aurait ju-
gés nécessaires, à la différence de lois ordinaires dont l'initiative doit appartenir aux deux
chambres, ne doit-il pas être exclusivement
réservé à la sagesse et à la gravité du Sénat,
en soumettant ces propositions à l'épreuve de
plusieurs discussions publiques dans les deux
corps ; discussions qui seraient reprises à de
longs intervalles, et qui n'auraient de suite
qu'autant que la proposition serait chaque fois
consacrée par l'adoption dans les deux chambres à la majorité des deux tiers, et en
dernier lieu par celle du Roi ? La constitution de l'an 3 renfermait sur cette importante matière, d'assez sages dispositions, et
avait déja attribué la prérogative dont je parle
au Conseil des anciens. Le Sénat, dans la constitution monarchique de 1814, remplacerait
sous ce rapport le Conseil des anciens, ou plutôt
le jury constitutionnaire qui avait été proposé
par un célèbre membre de la Convention nationale et qui, s'il eut été adopté, (ainsi que
quelques autres dispositions fortes et raison-
nables que dans l'esprit de sincérité et de
droiture qui vous animaient, M. le Sé-

nateur, vous aviez cru de votre conscience de proposer,) eût peut-être retardé de quelque tems la chûte d'un édifice qui chancela peu de momens après son élévation. La proposition de laisser au Sénat, au Corps-Législatif, aux colléges électoraux et assemblées cantonales le droit de nommer eux-mêmes leurs présidens, présente une stipulation essentiellement nationale ; c'est un motif libéral qui l'a dicté ; je ne croirais cependant pas déroger aux principes dont je fais profession, en pensant que, pour l'harmonie plus parfaite des pouvoirs, le président du Sénat et du Corps-législatif doivent être choisis par ces deux corps dans leur sein, mais agréés par le Roi. Peut-être aussi est-il impossible que les assemblées cantonales composées d'un grand nombre de citoyens actifs, et divisées en plusieures sections, puissent elles-mêmes nommer leurs présidens ; mais nul inconvénient à ce que cette prérogative soit attribuée aux colléges électoraux, qui, sans doute, conserveront leurs compositions et leurs prérogatives actuelles, avec le mode de leurs élections, de leurs assemblées et des opérations qu'ils sont appelés à faire. Les assemblées cantonnales qui forment le premier principe

du gouvernement représentatif monarchique
dont le Roi et le Sénat forment l'auguste voûte;
les colléges électoraux , intermédiaires entre
le peuple et ses représentans me paraissent
être les conceptions politiques les plus heu-
reuses dans les divers sénatus-consultes organiques qui se sont *succédés* et les plus
dignes d'être conservées. Les colléges électoraux d'arrondissement dans chaque département pourraient présenter une liste triple ou
double de candidats , entre lesquels le collége
électoral du département, composé de grands
propriétaires , remplissant les fonctions at-
tribuées jusqu'ici au Sénat pour la totalité des
élections du royaume , ferait le choix définitif
des législateurs et des suppléans. Pour achever
ce qui est relatif aux attributions du Sénat, je
placerai ici quelques observations sur un
objet constitutionnel de la plus haute importance , le droit de la paix et de la guerre :
ces actes si essentiels de l'autorité publique,
sont-ils regardés comme des projets de lois
et comme tels soumis à la sanction du Sénat
et du Corps-législatif ? Dans la supposition
même négative, la faculté réservée aux deux
chambres de voter des subsides et le mode de
recrutement de l'armée , me paraissent dans

l'avenir pour la nation une garantie suffisante contre les dangers des entreprises ambitieuses ; mais la même garantie ne doit-elle pas exister aussi pour la conclusion des traités ? Ceux par exemple qui entraîneraient les suites pour ainsi dire constitutionnelles , comme la réunion au royaume de quelques nouvelles provinces ou la cession de quelques-unes de ces parties jusqu'alors intégrantes , ne doivent-ils pas être soumis sinon à la discussion du Corps-législatif, du moins en comité secret à la sanction du Sénat, dépositaire du pacte social ? Je n'entendrais cependant comprendre dans cette exception ce qui , dans un traité , pourrait être relatif aux colonies, qui , par la nature de leurs rapports commerciaux et diplomatiques avec la métropole, doivent nécessairement être à cet égard dans la règle générale. Je rangerais d'un autre côté parmi les traités qui me paraissent aussi dans le cas de recevoir la sanction constitutionnelle du Sénat, ceux par lesquels le Roi prendrait à sa solde, des troupes étrangères, soit en tems de paix, soit pour en disposer dans l'intérieur du royaume ; le droit en lui-même me semble aussi important à garantir au Roi, qu'il le serait aussi d'empêcher qu'il puisse être par la suite le sujet d'aucune inquiétude : enfin en laissant au Roi le droit de faire la guerre ou la paix pour tous les cas ordinaires et de son propre mouvement, les deux corps de représentans auront sans doute, comme en Angleterre, le droit de faire parvenir aux pieds du trône leurs vœux, leurs inquiétudes et leurs espérances, sur la situation intérieure et extérieure de l'État, et les vœux de la nation qu'ils représentent. (3)

On a reproché au projet proposé par le Sénat, de ne pas avoir fait mention de plusieurs objets importans, comme, par exemple, la régence, la minorité et la liste civile du Roi. La régence et la minorité me paraissent être sagement déterminées par les statuts constitutionnels actuellement existans : vous vous rappelez sans doute, que la question de la régence fut avec un talent supérieur traitée à votre Assemblée constituante, par cet orateur célèbre, dont les vices ne rachetèrent point les talens, qui parla du bien public comme de l'amour, avec le langage de l'imagination et non du cœur; mais qui, lorsqu'il fut arrêté dans sa carrière, travaillait avec toutes les forces de son génie à raffermir cette même monarchie qu'il avait aidé à ébranler dans ses fondemens. La fixation de la liste civile me paraît avoir été ajournée avec sagesse jus-qu'au moment où la nation connaîtra, assez exactement, sa propre situation pour savoir le degré d'éclat et de dignité qu'elle doit mettre dans cet acte important de la grandeur et de la munificence nationale.

Qu'il me soit permis de passer rapidement sur les autres articles qui se trouvent presque tous également, et dans le projet du pacte constitutionnel et dans la déclaration de S. M. royale ; ils n'offrent que des sujets de félici-tation et de reconnaissance.

L'indépendance de l'ordre judiciaire, cette auguste garantie de la tranquillité et du bonheur des citoyens, est assise sur des bases infiniment supérieures en forces et en solidité à celles de nos constitutions pré-cédentes. Il me semble que la nomination directe aux places de juges, sans présen-tation constitutionnelle de candidats par les tribunaux, étant, ainsi que les nominations exclusives à toutes les places administra-tives, une des attributions les plus essen-tielles du pouvoir exécutif, doit appartenir au Roi seul, sans que cela attentât à l'indépen-dance de l'autorité judiciaire, préservée par l'i-

namovibilité des places, et surtout par le maintien de la Cour de Cassation , avec son rang et
ses prérogatives ; j'émettrai le vœu que les
conseils de préfecture, toujours utiles, et
indispensables dans le jugement du con-
tentieux de l'administration , soient regardés comme de véritables tribunaux , et im-
plicitement compris lors du maintien ou de
l'organisation de l'ordre judiciaire ; que
les juges de paix et de commerce, ces institutions conciliatrices et paternelles , conti-
nuassent à être nommés, les uns par leurs pairs,
les autres par le Souverain, sur la présentation
de candidats par les assemblées cantonnales. Le Code civil , auquel il serait si facile de
donner enfin le dernier degré de la perfection,
doit rester conservé , comme étant dans son
ensemble le dépôt de la sagesse et de l'expérience des siècles , et comme un monument
du génie et de la patience des jurisconsultes
qui l'ont conçu et achevé. Si tout donne la
garantie de la conservation en matière crimi-
nelle , de la publicité des débats et de l'institution des jurés, ces deux palladium de la justice et de la liberté civile , les mêmes causes
produiront naturellement la révision de quelques-unes des parties du Code pénal plus favo-

rables à l'affligeante supposition du crime qu'à la douce présomption de l'innocence, de ce Code que l'on serait quelquefois tenté de prendre pour une loi de circonstance, et qui a éprouvé une opposition si vive dans le Conseil-d'état, si nombreuse quoique tacite dans le Corps-Législatif, assemblée au courage, au patriotisme de laquelle on n'a peut-être pas dans ces dernières circonstances rendu avec assez d'éclat un hommage réclamé par la justice et par la dignité nationales, et qui, à coup sûr peut revendiquer une grande part dans notre régénération politique ; le projet de Code pénal, de l'Assemblée constituante, et que vous fîtes légèrement reviser par la Convention nationale, mériterait sans doute, lors du nouveau travail qui pourra être proposé, de fixer éminemment l'attention des législateurs. Il est aussi un ouvrage d'un de vos plus éloquens et célèbres collègues, relatif à cette matière intéressante pour l'humanité, et qui me paraît, chaque fois que je le relis, une source inépuisable de sagesse, de raison et de philantropie ; je veux parler de l'ouvrage sur les lois pénales, par M. le sénateur Pastoret.

L'inviolabilité du Roi est un des dogmes fondamentaux de la monarchie, comme le

droit de faire grace est sa plus douce prérogative. La responsabilité des ministres remplit
une des plus étranges lacune de nos derniers
statuts constitutionnels. La conservation de
tous les avantages et de tous les honneurs
qui sont la digne récompense des nobles et
immortels exploits de nos phalanges, acquitte
à la fois la dette de la gloire , de la politique
et de la reconnaissance. La conservation de la
Légion d'honneur, consacre une institution
qui, avec le Concordat organique des cultes et
le Code civil, forme les premières pages politiques d'une histoire terminée sous l'influence
de l'ambition et du vertige. La dette publique
garantie ouvre de plus douces perspectives à
des familles qui espéreront obtenir, d'un gouvernement qui voudra être économe et juste ,
ce qu'on reclamait vainement de celui qui
voulait être d'abord libéral et magnifique.
Enfin , le sanctuaire de la conscience religieuse est déclaré inviolable ; la liberté des cultes , cette conquête précieuse de nos tems, que
la religion et la philosophie se disputent également, et qui appartient en effet à l'une et à
l'autre, est reconnue sans retour ; sous le voile
d'une tolérance universelle , l'on ne verra plus
la religion de la grande majorité des Français

outragée dans la personne de ses ministres les plus inébranlables. Les chrétiens de la foi de Luther et de Calvin, sous l'égide des dignes fils de leurs premiers protecteurs français, auront plus que la promesse d'une instruction religieuse, qui les mette à même d'élever leurs enfans dans la foi de leurs pères, en les préservant d'une indifférence qui révolte leurs cœurs, et de la nécessité d'embrasser des dogmes qui répugnent à leur conscience; enfin, la loi et l'opinion feront justice d'une mesure qu'un motif de délicatesse m'empêche de qualifier, sur laquelle je vous ai plus d'une fois entendu exprimer une indignation que je me plais à appeler *religieuse*, et qu'on a vu naguère devenir l'unique résultat d'une assemblée dont l'éclat avait surpris le monde, et qui avait fait connaître, appuyée sur des autorités irrécusables, les dogmes d'une croyance calomniée. Bien mieux que des mesures flétrissantes, des institutions libérales achèveront en peu de tems l'ouvrage commencé sous les auspices du ministre vertueux (4), qui fut comme vous tour-à-tour le défenseur des véritables droits du peuple et celui de son malheureux roi, et qui périt sur le même échafaud que les mêmes haines vous reservaient également. Espérons que tous les peuples et tous les Gouvernemens reconnaîtront l'égide sacrée d'une véritable tolérance ; que ne jugeant enfin que les hommes, ils laisseront à Dieu le soin de faire connaître, dans la suite des tems, les voies de salut et de vérité; qu'une nation, grande par sa gloire et sa puissance, ne sera pas la dernière à suivre ce noble exemple, et que les malheureux et intéressans catholiques d'Irlande verront tomber bientôt les dernières vestiges d'une distinction, qu'on chercherait en vain à expliquer par des causes, qui ne furent jamais que des effets déplorables et naturels.

Ne serait-il pas à desirer, M. le Sénateur, pour la partie administrative de l'organisation sociale, quelques stipulations constitutionnelles dans le genre de celles qui auront probablement lieu pour la partie judiciaire ? Par exemple, le maintien de la division départementale, consacrée par 25 ans d'expérience et d'habitude, et par des souvenirs qui commencent déjà à être surannés et respectables, dont le renversement entraînerait, ce me semble, de longs et de nombreux inconvéniens, et ne pourrait être commandé que par des louables motifs d'éco-

nomie auxquels il serait facile de suppléer
par des réformes et des suppressions qui porteraient plutôt sur les frais que sur le mode
de l'administration : la conservation des
conseils-généraux de départemens , d'arron-
dissemens et de municipalités, avec le mode
actuel de leur nomination , institution précieuse pour faire connaître à l'autorité supé-
rieure les besoins, les vœux et les espérances
que des localités particulières font naître dans
diverses parties du royaume. Ne serait-il pas
utile de revêtir les fonctionnaires qui en-
tourent immédiatement le chef d'une administration départementale , d'attributions au
moins consultatives , pour diminuer le poids
et la difficulté d'une autorité qui , dans les
tems difficiles , ne devient si souvent arbi-
traire , que parce qu'elle est vague , unique
et indéfinie? Un code administratif ne serait-il
pas un des plus utiles bienfaits par lequel on
pourrait commencer la nouvelle carrière législative? On pourrait comprendre dans cette
division, les grands principes d'un système
d'instruction publique, dans lequel le germe
précieux du génie n'aurait jamais besoin ,
pour se développer, des aveugles faveurs de la
fortune, ainsi que les statuts principaux de cet

institut, immortel sanctuaire du génie et des talens, titre glorieux qui nous assure à jamais le premier rang parmi les nations Européennes. Sans doute, l'on trouvera aussi difficile de séparer l'une de l'autre, les académies qui composent cette assemblée, qu'il le serait dans l'état actuel des connaissances humaines dont elle est pour nous le fidèle interprète, de rompre les chaînes qui les unissent l'un à l'autre par des nœuds indissolubles. La prérogative royale, d'agréer les choix des différentes académies dont se compose l'Institut, aura, un prix d'autant plus grand que ceux qui en sont les objets, sauront très-bien combien les titres de leur nomination peuvent être reconnus et estimés par le juge auguste qui doit la confirmer (5).

Telles sont donc, monsieur le Sénateur, ces principes fondamentaux qui doivent rallier tous les Français sous les étendards d'une autorité douce, légitime, et avouée par la raison et l'expérience, principes dignes de l'assentiment de tous les peuples éclairés de l'Europe, et d'un monarque qui, en rentrant dans sa capitale, en remontant sur le trône de ses aïeux, se plaît à annoncer qu'il le doit à l'amour de ses peuples.

J'ai relu les premiers travaux de cette assemblée célèbre, dans laquelle vous vous distinguiez par votre zèle et vos connaissances, comme ensuite dans la Convention nationale, par votre éloquence et votre dévouement, et dans le Conseil des anciens, par une constance infatigable à combattre des mesures désastreuses, et enfin dans le Sénat, après que, de retour dans vos foyers, vous fûtes appelé de nouveau à payer le tribut du courage et du patriotisme : et j'ai vu avec regret ces mêmes principes, consacrés aujourd'hui sans retour, développés et reconnus dans un rapport présenté à l'Assemblée constituante, par le premier comité de constitution formé dans son sein (6). Par quelle funeste nécessité ou quel rigoureux décret de la Providence fallait-il passer à travers tant d'écueils et de tempêtes avant d'arriver au port qui s'offrait à nos yeux dès les premiers momens de l'orage? Espérons que, sur le sol de notre patrie, les laves brûlantes qui l'ont désolée auront déposé quelques germes de fécondité ; que le premier effet du retour de la paix, de la confiance et du règne des lois, ne tarderont pas à se faire sentir parmi nous ; que le Français, débarrassé

de la fraternité illusoire de tant de peuples dif-
férens de mœurs, d'usages, d'habitudes de langage et d'origine, reconstitué pour ainsi dire
en famille , rendu à ses anciennes affections et
à ses inspirations tutélaires , fera succéder les
prodiges du génie là où une ambition infinie
ne permettait , depuis si long-tems, que les
prodiges de la valeur. Si les lauriers de la
victoire sont nécessaires pour cueillir ceux
des arts , pour enflammer le génie des Français , ne suffirait-il pas de nommer tant de
grands capitaines, qui se pressent maintenant
autour du trône de S.-Louis, de Henri IV et de
Louis XIV; tant d'immortels exploits dans les
quatre parties du monde, et les noms déjà
célébrés par une *contemporaine* postérité
des Kléber, Dessaix, Hoche, Pichegru ? on
rappelerait surtout le souvenir de celui dont
les campagnes ressemblent à celles de Fa-
bius chez les anciens , de Turenne chez
les modernes ; et, de nos jours , à celles du
héros de la Péninsule ; enfin , votre illustre et malheureux compatriote Moreau,
auquel vous avez rendu au milieu du Sénat
un hommage réclamé par l'estime que vous
aviez vouée à ses talens et à son caractère, et
par l'enthousiasme que son nom inspire à

vos bons et loyaux Bretons. Dans le vaste champ de la littérature, le domaine de l'histoire est encore à exploiter presque tout entier pour nous ; c'est aux hommes de génie, qui ont été témoins des scènes mémorables dont le dénouement vient de frapper nos yeux d'admiration et de surprise, à les retracer à la postérité, et le talent mûri et non réfroidi de l'immortel chantre d'Atala et des Martyrs, n'est pas le seul qui paraisse digne d'une tâche aussi glorieuse. La nature a encore plus d'un secret à révéler au génie des sciences et aux hommes qui, de nos jours, en ont au milieu de nous, si étonnemment reculé les limites. Mais l'époque d'une culture intellectuelle et morale plus parfaite ne serait-elle pas arrivée pour l'Europe entière ? La commotion qu'elle vient d'éprouver ne doit-elle pas lui donner cette surabondance de force morale et d'imagination, que l'on vit naître séparément chez tous les peuples anciens et modernes, lorsque le calme et la paix succédaient chez eux aux époques de troubles et d'agitations ? Toutes les nations civilisées ne doivent-elles pas éprouver ce contentement de soi-même, indispensable pour de grandes choses ? Ne vont-elles pas retrouver aussi les souvenirs, les témoins muets, les touchantes traditions et les antiques habitudes, les espérances et les prédilections qui sont comme la matière sur laquelle travaillent l'ame et le génie des peuples, et qui allaient disparaître au milieu des fusions monstrueuses et bizarres que repoussaient les impulsions ou les éloignemens les plus invincibles (7)? L'Espagnol, fier de sa constance inébranlable célébrera sans doute avec enthousiasme le retour d'un prince que son peuple sut conquérir, que, semblable à Dieu même, il a, du sein de la captivité, fait remonter sur le trône de la grandeur. La France et l'Angleterre, si long-tems rivales de puissance, ne le seront plus enfin que de gloire, de sagesse et de génie. Pour célébrer les vertus d'un chef qu'elle révère, Rome moderne trouvera peut-être les talens d'une Corine véritable. L'influence des Médicis semblera renaître avec l'indépendance de leur pays. L'Italie trouvera dans la langue du Tasse et de l'Arioste, des accents pour célébrer le courage du jeune guerrier, dont l'honneur et la reconnaissance furent la devise, et qui mérita l'estime de ses nobles adversaires, elle trouvera sans doute dans le prince qui doit le remplacer, l'amour des arts et des productions du génie, et cet esprit de philosophie et d'humanité dont les Joseph et les Léopold, ont établi la respectable tradition. Comme les compagnons du Grand Frédéric, les vaillans guerriers de son digne successeur, chanteront sur la lyre les succès de leur patriotique dévouement; et semblables à celui de leurs écrivains qui, dans un poème fameux, célébra les douceurs du printems au milieu des sanglants triomphes de la guerre, ils orneront leur front des lauriers de Mars et d'Apollon (8). L'auteur de Werther trouvera sous les glaçons de l'âge la chaleur d'ame pour célébrer l'indépendance de son pays, plus heureux que l'immortel Schiller, qui, enlevé dans la force de l'âge, déplora dans le chant du cigne les scènes désolantes qui ouvrirent le dix-neuvième siècle. Des retraites spéculatives du savant, les doctrines sublimes des Platons modernes dont s'honore l'Allemagne, passeront dans les codes des princes et la conduite des peuples. L'Helvétie rendue au calme et à la paix, trouvera encore dans ses cimes imposantes et ses vallées romantiques, des muses inspiratrices pour des poètes de sentiment et

de vérité, de dignes interprètes de la nature, et d'éloquens historiens (9). La liberté batave comprimée et non anéantie,
en se réveillant plus radieuse, célébrera
elle-même sa résurrection politique, jadis
célébrée par la plume éloquente d'un ami
que nous avons pleuré (10); enfin que ne
peuvent, contre les obstacles de la nature
les efforts du génie et de la sagesse! peut-être
bientôt sera-ce à une langue, vierge encore,
et s'il faut en croire à ceux qui l'étudient,
douce et harmonieuse (1), qu'il sera réservé de
faire paraître une de ces conceptions littérai-
res qui demandent à la fois de grands événemens, un grand enthousiasme et une époque
de puissance et de prospérité.

Puissent, M. le Sénateur, ces brillantes
et douces perspectives se réaliser bientôt;
puissent les nations, en conservant les nobles et antiques distinctions qui les caracté-
risent chacune, ne faire par l'union des
vœux, des idées et des sentimens, qu'une
seule famille de frères; puissent enfin les

---

(1) C'est l'opinion assez générale de ceux qui se
livrent à l'étude de la langue russe.

mœurs, la morale, et la vertu, établir une éternelle et sainte alliance avec la gloire, les talens et le génie, et de longs siècles de paix et de justice réparer tant de maux, cicatriser tant de plaies, et sécher tant de larmes! Au comble de mes vœux, ou frustré dans mes plus chères espérances, la conscience de la félicité publique, le souvenir d'en avoir épanché dans votre sein, et le souhait et le pressentiment, serait alors pour moi ou le dernier et complet témoignage de l'indulgence et de la faveur divine, ou le baume le plus salutaire et le plus honorable.

Veuillez, M. le Comte, agréer mes embrassemens respectueux.

M.....B...

Membre de plusieurs Académies nationales et étrangères

NOTES.

(1) Sans doute, une partie de ces théories me paraît incompatible avec l'existence, le caractère et la situation du peuple français, et renfermer plutôt d'éloquens chapitres de morale, que des vérités politiques. Mais ceux qui se sont chargés de réfuter l'auteur, n'ont-ils pas mis dans sa bouche ce que réellement il n'avait pas dit ? N'ont-ils pas tenu le langage du ressentiment et de l'intolérance, plutôt que celui de l'amour du bien et de la vérité ; et cela en répondant à un ouvrage recommandable, non seulement par le talent, le savoir et la réputation de l'auteur, mais aussi par la modération du langage et la modestie du sentiment? C'est aux hommes impartiaux de toutes les opinions à répondre à cette question, et ils l'ont déjà fait.

(2) Défense de la constitution française, par un ancien magistrat.

(3) Les Sénateurs qui seront nommés à l'avenir auront-ils part ou non à la dotation actuelle du Sénat ? Les places des législateurs seront-elles entièrement gratuites, ou ceux qui les rempliront auront-ils une simple indemnité ? La dignité et l'éclat inséparables de la première magistrature de l'Etat me paraissent impérieusement exiger, ou que les dotations soient conservées, ou que l'on exigeât pour ces places un revenu

foncier et déterminé, soit en patrimoine, soit par l'effet d'une légitime acquisition de fortune, soit enfin par la munificence royale. Le fils aîné d'un Sénateur, avant de succéder à la place de son père, serait obligé d'avoir justifié de la conservation d'au moins la moitié du revenu fixé par la loi, et qu'aura dû instituer le premier Sénateur de sa famille en entrant en fonction. On éviterait ainsi, d'un côté, le danger politique de voir arriver au Sénat des hommes qui, par les étranges mutations de fortune que le tems apporte dans les familles, seraient peu en état de soutenir l'indépendance et la représentation que la dignité de leur position exige, et le danger moral d'une trop grande et injuste inégalité de fortune entre les membres d'une même famille, par les partages de faveurs qu'il serait nécessaire de faire, si l'on exigeait perpétuellement la totalité du même revenu. Quant aux membres du Corps-législatif, on peut observer qu'en Angleterre les députés de la chambre des Communes doivent avoir douze mille francs de revenu en propriétés foncières. Mais c'est ici que les mœurs et la situation d'un peuple doivent apporter des changemens entre ces lois et celles des autres peuples. En Angleterre, l'agriculture et le commerce sont une source de prospérités, et une occupation constante pour toutes les classes de la société. Ils n'y sont incompatibles avec aucun autre état, et la condition exigée n'exclut que très-peu de personnes dignes de la confiance de la nation, de l'honneur de la représenter. Il n'en est point ainsi en France ; une distinction même éminente, dans plusieurs professions libérales, en promettant une existence honorable et douce, ne conduit que rarement et presque toujours à un âge avancé à la possibilité d'une fortune considérable en fonds de terre. Les avocats, les hommes de lettres, les savans., les artistes et les militaires distingués, seraient presque tous exclus, en faveur des commerçans, des agriculteurs, des fabricans, classes qui renferment sans doute un grand nombre d'hommes recommandables, mais non à proportion de ces mêmes classes chez nos voisins. Je crois donc qu'une propriété quelconque serait tout ce qu'il faudrait exiger pour l'élection au Corpslégislatif; quoique ces places doivent être réellement gratuites, les grandes distances de diverses provinces à la capitale, à la différence encore de l'Angleterre, la différence de la situation commerciale que j'ai indiqueés me semblent réclamer, pour les membres du Corps - législatif, une simple indemnité de leurs frais de voyage et de séjour dans la capitale pendant l'exercice de leurs fonctions.

(4) Dès avant la révolution, M. de Malsherbes fut chargé par le malheureux Louis XVI, de préparer un travail sur les moyens de parvenir promptement à la réhabilitation politique et civile des Juifs français, bienfait qui fut ensuite l'ouvrage d'un décret de l'assemblée constituante, et des progrès de la raison et des lumières. M. de Malsherbes avait demandé pour son premier travail, des faits et des renseignemens à l'amour de la vérité et aux lumières du respectable M. Cerf-Berr père, de Strasbourg, de M. Gradis, de Bordeaux, et de M. Furtado, de la Gironde, qui présida si éloquemment l'assemblée des députés israélites en 1807.

(5) L'éloge de Montesquieu, proposé par l'Acadé-

mie française pour le concours de 1814, dans la mémorable séance à laquelle les illustres souverains qui sont dans nos murs ont assisté, et dans laquelle on a vu le témoignage le plus éclatant qui pouvait être rendu par le génie à la puissance, sera sans doute un des premiers ouvrages marquants de la nouvelle époque littéraire, que l'on peut espérer du retour de la paix, des lois et de l'ordre. L'Académie française a consacré pour ainsi dire d'une manière littéraire l'époque politique dans laquelle nous entrons en proposant l'éloge de celui qui fut le défenseur du peuple et de la royauté, de la religion et de la philosophie, qui fut toujours grand et modéré comme le génie et la vertu, et prouva dans les pages d'un livre immortel, qu'une monarchie tempérée par la sagesse des lois et des institutions peut seule donner à un grand état la garantie de son bonheur et de sa prospérité ; que le climat, les mœurs, l'état et la population d'un peuple peuvent influer sur la constitution qui lui convient, mais que le despotisme seul ne peut faire le bonheur d'aucun peuple. Quel sujet pour l'éloquence, pour la pensée, que l'éloge de Montesquieu, proposé peu de jours après la chûte d'un gouvernement absolu, dans le sanctuaire du génie, en présence de deux souverains puissans et sages, et de l'élite de la nation la plus éclairée de l'Europe !

(6) Parmi les membres les plus distingués de cette assemblée célèbre, on doit indubitablement compter au premier rang pour la réputation, le talent, la noblesse du caractère et la sagesse des idées politiques qu'il développa à cette époque, M. Bergasse dont le nom figurait dignement à côté des illustres noms de MM. Ta-

leyrand, Laly-Tolendal, Mounier et de Clermont-Tonnerre. Par quelle inconcevable fatalité un homme d'un
mérite aussi éminent vient-il de publier un ouvrage
où l'on cherche vainement autre chose que des passages
brûlans d'enthousiasme et d'énergie, dignes quelques
fois de Bossuet et de Massillon, une passion véhémente et
animée par l'inspiration la plus vraie, mais égarée jusqu'aux personnalités les plus injustes? du reste, pas un
principe, pas un raisonnement, pas une seule de ces considérations politiques qui, dans une circonstance aussi
grave, paraissaient seules dignes d'un défenseur aussi
illustre et aussi respectable de la noble cause des Bourbons. Mais l'extrême précipitation avec laquelle M.
Bergasse a écrit son ouvrage, lui a-t-elle même permis
d'être fidèle à l'exactitude des faits? Il prétend que ce
même Sénat qui, en prononçant la déchéance de Napoléon a rallié parmi nous tous les partis à l'étendard
de l'ancienne dynastie, arrêté l'effusion du sang, et
après tant de calamités rendu impossible du moins la
plus affreuse de toutes, la guerre civile, est l'ouvrage
de Buonaparte, qu'il a été formé par lui. La vérité est,
qu'après le 18 brumaire, lorsque Napoléon par-
tageait encore la suprême puissance avec Syeyes et
Roger-Ducos, ces deux consuls s'étant réunis aux
deux nouveaux consuls Cambacérès et Lebrun, for-
mèrent le premier noyau du Sénat qui se complétta
lui-même, et ce mode de première formation avait
été déterminé par les commissions intermédiaires
dont les principaux membres, en contribuant à
la révolution du 18 brumaire, avaient en vue de
mettre un terme à la tyrannie de Barras et d'empêcher le retour de la démagogie qui avait r'ouvert ses
antres sanguinaires. La plus grande partie de ces choix

fut faite parmi les classes les plus distinguées de l'état.
Les nominations de Sénateurs dans la constitution de
l'an 8, avant qu'elle n'eût été modifiée, se faisaient
au moyen d'une triple présentation de candidats par le
Tribunat, le Corps-législatif et le premier Consul. Le
Sénat choisissait entre ces trois présentations. La plu-
part des premières nominations furent faites sur la présentation du tribunat ou du Corps législatif contre le gré
et même la volonté du premier consul; au nombre de ceux
choisis de cette manière est le courageux sénateur auquel
j'adresse cette lettre, et qui en plaidant avec autant de
constance que de lumières contre les efforts du despotisme, n'a pas oublié que c'est par les mandataires de la
nation qu'il a été revêtu de la toge sénatoriale. D'ailleurs,
la politique du premier consul lui faisait alors présenter
comme candidats d'anciens généraux, des hommes
précédemment connus par des services dans l'administration, et les événemens postérieurs n'ont en rien di-
minué leurs droits à la reconnaissance publique. Les
nominations de sénateurs, faites par des présentations de candidats, par les colléges électoraux des départemens, portent aussi un caractère national, et
Buonaparte n'usait du droit que les constitutions lui
avaient attribué de nommer des sénateurs indéfiniment
et sans aucun concours, que lorsque la résistance qu'il
éprouvait, et dont l'injustice et l'erreur essayent de nier
l'existence, lui en faisait une nécessité pour conserver
son influence absolue : enfin plusieurs même de ces
derniers ont montré d'une manière éclatante qu'ils
étaient devenus les hommes de la nation, et qu'ils sa-
vaient se dévouer pour ses véritables intérêts. Il est
donc faux, comme M. Bergasse et d'autres écrivains

qui partagent ses erreurs sans approcher de son talent ,
ont voulu le faire croire, que le Sénat soit émané deBuo-
naparte , et qu'il lui doive son existence. Il me serait ,
d'ailleurs, facile de faire remarquer dans l'ouvrage de
M. Bergasse d'autres inexactitudes de ce genre; mais
je dois plutôt m'abaisser, humilier profondément ma
jeunesse et ma médiocrité devant son talent et sa réputation; et comment ne pas s'étonner qu'un homme
aussi instruit de la législation du peuple anglais et des
hautes leçons que nous fournit son histoire, paraisse
avoir oublié ce que la justice, l'amour des hommes et la
plus saine politique, inspirèrent d'abord aux descendans
de l'infortuné Charles Ier, lorsqu'après de longues vicissitudes , après des malheurs et des attentats pareils à
ceux dont nous avons été les témoins et les victimes,
ils remontèrent sur le trône de leurs ancêtres , et
qu'ils occuperaient encore ce trône illustré depuis par
le génie d'une autre maison, s'ils étaient toujours
restés fidèles à ces principes de sagesse, de sentiment et de raison, dont nous trouvons l'auguste garantie dans chacune des paroles des dignes fils de
Louis IX et de Henri IV ? Qu'il m'a été agréable de
lire après l'ouvrage de M. Bergasse les lignes élo-
quentes de M. Lalys-Tolandal, et de voir que ce vertueux citoyen avait conservé toute la beauté de son talent, toute la chaleur de son ame et toute la sagesse de
ses principes ! Pourquoi l'illustre Clermont-Tonnerre,
tombé sous la hache des bourreaux de septembre , et ce
Mounier dans lequel l'expérience et la sagesse n'ont
attendu ni l'âge ni les événemens, ne peuvent-ils jouir
du même triomphe que leurs dignes et plus anciens
collègues?

(7) Parmi les provinces françaises, au milieu desquelles le retour de l'auguste dynastie des Bourbons réveille des souvenirs et des sentimens particuliers, il faut compter mon pays natal, l'ancienne Lorraine et sa superbe capitale; c'est de notre bon Stanislas que que S. M. Louis XVIII est l'arrière petit-fils; il fut tenu sur les fonds de baptême par ce prince dont le nom est toujours gravé dans nos cœurs, et qui fut comme le veut devenir le monarque français, le bienfaiteur et l'ami de son peuple, le protecteur éclairé des arts et de ceux qui en font leur gloire; aussi de quelle manière touchante le digne frère de S. M. a-t-il parlé de son séjour dans la ville de Stanislas, dans la cité de Léopold, où se trouve le palais que Louis-le-Grand appelait une grande, belle et commode maison, où l'infortunée Marie-Antoinette alla prier sur le tombeau de ses ayeux, et invoquer le ciel pour un avenir que lui dérobait un voile, non moins impénétrable pour l'auguste Princesse qui reçút, il y a peu d'années dans ces murs, les hommages si bien dus à son nom et à ses vertus! Une statue colossale de Louis XV fut élevée à ce monarque dans les beaux jours de son règne par le bienfaisant Stanislas, son gendre et son ami, elle ornait notre principale place publique, une des plus magnifiques de l'Europe. Les vandales révolutionnaires ont détruit ce monument. C'est dans cette ville qu'une muse éloquente, fit entendre en même-tems qu'un poète célèbre, des chants expiatoires et alors courageux sur la profanation de nos tombes royales. (Madame de Vannoz, née de Sivry). Enceinte chérie ! tes pompeux édifices, tes imposans portiques, tes promenades élégantes, tes ingénieuses cascades, tes musées, tes bibliothèques,

tes doctes réunions, tes établissemens utiles et pieux, tes bons et spirituels habitans, trouveront sans doute toujours contre les ravages et les malheurs du tems et des circonstances, dans la vigilance de ton protecteur naturel et auguste, et de généreux secours, et la plus infatigable sollicitude.

(8) Kleist.

(9) Qui n'a lu et admiré Gessner, Haller, Salis, Mathisson, Bonnet, Sauxures et Jean Muller !

(10) Le poëme des Bataves, par feu M. Bitaubé.

ERRATA.

Page 5, lig. 14, *lisez* je montrerais la première.

Page 29, lig. 21, *lisez* dont les talens ne
rachetèrent pas les vices.